destination bornéo

Scénariste : JEAN OLLIVIER
Dessinateur : CARLO MARCELLO
Couleurs : ANITA MARCELLO

VMS PUBLICATIONS S.A.
126, rue Lafayette, 75010 Paris

LA VILLA DU PROFESSEUR MALCOM, PRÈS DE MIAMI (FLORIDE)...
AU TÉLÉPHONE, LA VOIX DE TON PÈRE ÉTAIT ÉTRANGE, ANGOISSÉE... UNE VOIX BLANCHE, DIANA...
FLORIDA AL 33 FI
Alfa 33
MALCOM AVAIT ÉTÉ MON PROF À L'UNIVERSITÉ. UN TYPE SOLIDE...
MON PÈRE, HUMPHREY ?
LE PROFESSEUR S'EST ENFERMÉ DANS LE BUNGALOW !
CETTE ODEUR, BEN ! ET CES SORTES DE LIANES SOUS LA PORTE !...
BRRANG
BON DIEU DE...
JE CROIS N'AVOIR, DE MA VIE, JAMAIS RESSENTI UN TEL CHOC !...
UNE JUNGLE PUTRIDE DE CHAMPIGNONS-PLANTES...
IL EST MORT, DIANA !

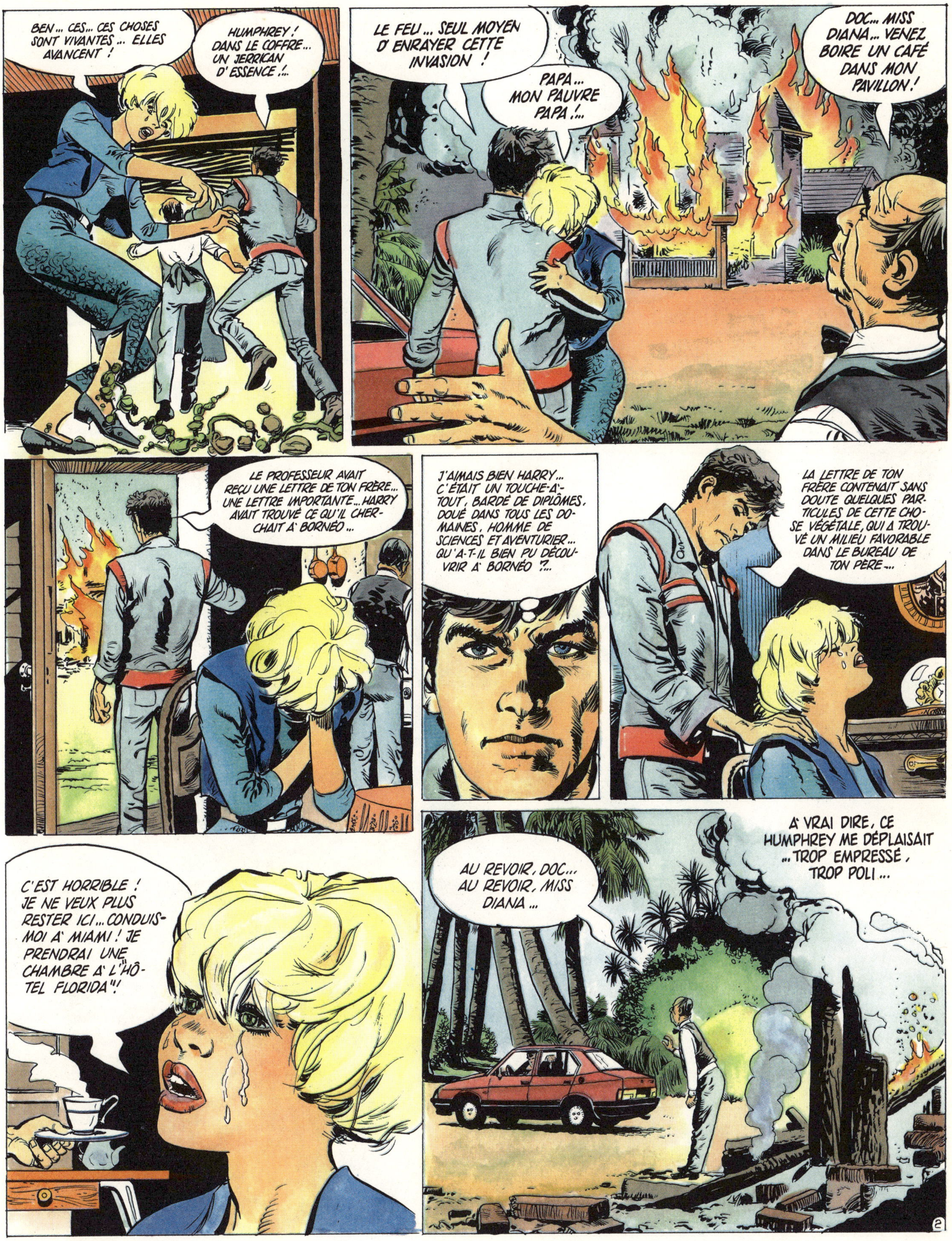
BEN... CES... CES CHOSES SONT VIVANTES... ELLES AVANCENT !
HUMPHREY ! DANS LE COFFRE... UN JERRICAN D'ESSENCE !...
LE FEU... SEUL MOYEN D'ENRAYER CETTE INVASION !
PAPA... MON PAUVRE PAPA !...
DOC... MISS DIANA... VENEZ BOIRE UN CAFÉ DANS MON PAVILLON !
LE PROFESSEUR AVAIT REÇU UNE LETTRE DE TON FRÈRE... UNE LETTRE IMPORTANTE... HARRY AVAIT TROUVÉ CE QU'IL CHERCHAIT À BORNÉO ...
J'AIMAIS BIEN HARRY... C'ÉTAIT UN TOUCHE-À-TOUT, BARDÉ DE DIPLÔMES, DOUÉ DANS TOUS LES DOMAINES, HOMME DE SCIENCES ET AVENTURIER... QU'A-T-IL BIEN PU DÉCOUVRIR À BORNÉO ?...
LA LETTRE DE TON FRÈRE CONTENAIT SANS DOUTE QUELQUES PARTICULES DE CETTE CHOSE VÉGÉTALE, QUI A TROUVÉ UN MILIEU FAVORABLE DANS LE BUREAU DE TON PÈRE...
C'EST HORRIBLE ! JE NE VEUX PLUS RESTER ICI... CONDUIS-MOI À MIAMI ! JE PRENDRAI UNE CHAMBRE À L'"HÔTEL FLORIDA" !
À VRAI DIRE, CE HUMPHREY ME DÉPLAISAIT ...TROP EMPRESSÉ, TROP POLI...
AU REVOIR, DOC... AU REVOIR, MISS DIANA...

ALLÔ ! MR. KIM... IL S'EST PASSÉ ICI UNE CHOSE INCROYABLE ! MALCOM EST MORT... UNE VISION ÉPOUVANTABLE !...
ÉTONNANT, MAIS INTÉRESSANT... LA MORT DE MALCOM COMPLIQUE LES CHOSES, MAIS IL APPARAÎT QUE HARRY MALCOM A DÉCOUVERT À BORNÉO CE QU'IL CHERCHAIT !
...JE SUIS PERSUADÉ QUE DOC. JUSTICE EN SAIT DAVANTAGE... LE PROFESSEUR LUI A PARLÉ LONGUEMENT HIER...
"HÔTEL FLORIDA", DITES-VOUS ? J'AI TOUJOURS PENSÉ QU'IL FAUT BATTRE LE FER QUAND IL EST CHAUD !...
PAUVRE PETITE DIANA. JE LUI AVAIS DONNÉ UN CALMANT, ET JE ME DIRIGEAIS VERS LE PARKING DE L'HÔTEL... CETTE HISTOIRE DE MONSTRE VÉGÉTAL M'OBSÉDAIT...
Florida H
INUTILE DE PRENDRE VOTRE VOITURE, DOCTEUR. PRENEZ PLACE DANS LA NÔTRE !
MON PATRON VEUT VOUS ENTRETENIR D'UNE AFFAIRE SÉRIEUSE... IL NE REGARDERA PAS SUR VOTRE PRIX...

SOYEZ CALME, DOCTEUR ! NOUS AVONS DES ORDRES, ET NOS ARMES SONT MUNIES DE SILENCIEUX !
J'AVAIS LA CONVICTION QUE CE KIDNAPPING ÉTAIT EN RELATION AVEC LES ÉVÉNEMENTS DE LA MATINÉE ...
35ème ÉTAGE.
VOUS ÉTIEZ TRÈS LIÉ AU PROFESSEUR MALCOM. IL N'AVAIT PAS DE SECRET POUR VOUS. JE N'AI PAS DE TEMPS À PERDRE, JUSTICE... JE VEUX LE SECRET D'HARRY !...
LE PROFESSEUR A REÇU UNE LETTRE. J'ATTENDS DE VOUS QUE VOUS ME LIVRIEZ TOUS LES DÉTAILS...
J'IGNORE À PEU PRÈS TOUT DE CETTE LETTRE... ET SI JE CONNAISSAIS UN SECRET, VOUS N'EN SAURIEZ RIEN !
SLAAFF
J'AVOUE QUE JE FUS PRIS AU DÉPOURVU ; CES DEUX GENTLEMEN AVAIENT DES BATTOIRS AU BOUT DES BRAS !

...MAIS SANS DOUTE IGNORAIENT-ILS MA QUALITÉ DE HACHIDAN - CE QUI CORRESPOND EN KARATÉ À LA CEINTURE NOIRE 8ème DAN...
...ET LA SITUATION M'OBLIGEAIT À UTILISER TOUTES MES RESSOURCES...
MON MAÎTRE HIAMURI M'AVAIT APPRIS QU'IL N'EST PAS DE VÉRITABLE TECHNIQUE SANS INTUITION...
KRAA-AKK !
...JE NE CONNAIS RIEN DE PLUS SIMPLE ET PLUS EFFICACE QU'UN ATEMI BIEN PLACÉ !...
J'AVAIS COMPLÈTEMENT OUBLIÉ LE TYPE PERCHÉ DANS LA MEZZANINE... UNE ERREUR CAPITALE !...
5

CCLIINCKK
DANS LA SECONDE OÙ MON CORPS BASCULA, JE RÉALISAI QUE J'AVAIS SOUS MOI UNE HAUTEUR DE 35 ÉTAGES !...
IMBÉCILES ! ÂNES ROUGES ! JE TENAIS À L'AVOIR VIVANT !... ET MAINTENANT, C'EST FICHU !

DÉCIDÉMENT, LA MORT NE VOULAIT PAS DE MOI... UN COUSSIN D'EAU BRISA MA VITESSE DE CHUTE. J'ÉTAIS COMME UNE BALLE DE MOUSSE SOUTENUE PAR LE JET...
... COMME UN ANGE QUI DÉPLOIE SES AILES D'ÉCUME POUR ABORDER LA TERRE...
... COMME UN ASTRONAUTE QUI RENTRE DANS L'ATMOSPHÈRE...
JE REVENAIS DE LOIN... JE REVENAIS DE HAUT...
OUF !... MAIS C'EST DUR !...
IL S'EN EST TIRÉ !!! SONNÉ, PEUT-ÊTRE, MAIS VIVANT !
IL ME LE FAUT ! ALERTE LE TAXI DE JORDAN !
MR. KIM NE LAISSAIT JAMAIS RIEN AU HASARD. IL AVAIT UNE COMPAGNIE DE TAXIS À SON SERVICE ...

DIS, MONSIEUR, ELLE EST BONNE, L'EAU ?...
...UN PEU TROP EFFERVESCENTE À MON GOÛT, BOY...
HEP, TAXI ! "HÔTEL FLORIDA" !
ON DIRAIT QUE VOUS AVEZ PRIS L'AVERSE... PAS UN NUAGE, POURTANT !...
TAXI
LE CHAUFFEUR FILAIT À GRANDE ALLURE...
MAIS... !? CE N'EST PAS LA DIRECTION !... DITES DONC, J'AI DIT "HÔTEL FLORIDA" !...
TAXI
... MAIS JE PENSAIS À DIANA. ELLE RISQUAIT D'ÊTRE ENLEVÉE ET PRISE COMME OTAGE... JE DEVAIS LA TIRER DE CE GUÊPIER !
PIÉGÉ UNE FOIS DE PLUS ! JE LE COMPRIS QUAND JE VIS QUE LES PORTIÈRES ÉTAIENT BLOQUÉES, ET QU'UNE VITRE ÉPAISSE M'ISOLAIT DE MON LASCAR...
J'AVAIS BIEN AUTRE CHOSE EN TÊTE QUE DE DEVINER LES INJURES DE MON CHAUFFEUR-RAVISSEUR...
SALUT, L'AMI !
TAXI

PHONE
DIANA... ICI BEN... NE PRENDS MÊME PAS LE TEMPS DE FAIRE TA VALISE. RENDEZ-VOUS DANS UNE DEMI-HEURE À DISNEYLAND ... À L'ENTRÉE DE LA "RIVIÈRE D'ÉPOUVANTE" ...
JE CONNAISSAIS DIANA. ELLE NE DEMANDAIT JAMAIS D'EXPLICATIONS INUTILES.
DIANA, IL FAUT RETROUVER TON FRÈRE. HARRY N'AVAIT PAS POSTÉ SA LETTRE DE BORNÉO, MAIS DE SINGAPOUR. IL AVAIT CONFIÉ LE MESSAGE À UN CERTAIN ROCKFELLER...
...NOUS DEVONS METTRE LA MAIN SUR CE ROCKFELLER !
UN VAMPIRE ! POUAH !...
OK, BEN... POUR REVOIR MON FRÈRE, J'IRAI AVEC TOI OÙ TU VOUDRAS... JUSQU'EN ENFER !...
NOUS NE SOMMES PAS LES SEULS SUR LE COUP, DIANA ! TOUTE UNE BANDE S'INTÉRESSE AU SECRET D'HARRY... UNE SORTE DE MAFFIA DU CRIME !
J'ESPÈRE QUE TU N'AS PAS ÉTÉ FILÉE À TON DÉPART DE L'"HÔTEL FLORIDA"...
JE PARLERAI PLUS TARD À DIANA DE L'HOMME AU TOUCAN, DE MON PLONGEON AÉRIEN DU 35ème ÉTAGE... CHAQUE CHOSE EN SON TEMPS...

MAÎTRE, ICI JORDAN... ILS ONT PRIS DEUX ALLERS POUR SINGAPOUR... VOL 3207 SUR LA PANAM, DÉPART 21 HEURES, CE JOUR...
GATE 5
TWA
DEPA
SINGAPOUR... LA ROUTE DE BORNÉO, ARTURO ! NOUS AVONS DEVANT NOUS UN GRAND VOYAGE, L'OISEAU... ET AU BOUT, LA FORTUNE ET LA PUISSANCE !...
-TON MAÎTRE SERA LE MAÎTRE DU MONDE, ARTURO... QUAND IL TIENDRA LE SECRET D'HARRY MALCOM... ET CE JOUR LÀ...
VRO ARR
ESSAIE DE DORMIR, DIANA ! ICI, NOUS SOMMES EN SÉCURITÉ !
JE N'AURAIS PAS JURÉ QUE MES PROPOS ÉTAIENT SINCÈRES À CENT POUR CENT. J'ÉTAIS PAYÉ POUR SAVOIR QUE NOS ENNEMIS DÉTENAIENT LA PUISSANCE.
POUR DIANA ET POUR MOI, CETTE JOURNÉE AVAIT ÉTÉ ÉPROUVANTE.
JE T'AIME, BEN...
DÉSIREZ-VOUS QUELQUE CHOSE, MONSIEUR ?
NON, MERCI.
BONNE NUIT, ARTURO ! DANS 13 HEURES, TU SERAS À SINGAPOUR !
... ET JE VAIS JOUER LA GRANDE PARTIE DE MA VIE... À NOUS DEUX, JUSTICE !...
TOUC TOUC

LA VILLE BASSE DE SINGAPOUR, C'EST UN ENFER. ET C'EST DANS CET ENFER QUE JE DEVAIS RETROUVER LA PISTE DU TRAFIQUANT DE PERLES, HARRY ROCKFELLER.
ROCKFELLER ÉTAIT LE SEUL HOMME AU MONDE QUI POUVAIT ME CONDUIRE JUSQU'À HARRY MALCOM, L'AVENTURIER-ARCHÉOLOGUE, LE FRÈRE DE MON AMIE DIANA...
ET DIANA ET MOI ÉTIONS POURCHASSÉS PAR UNE ORGANISATION PUISSANTE, DÉCIDÉE À METTRE LA MAIN SUR LE SECRET D'HARRY. JE NE CONNAISSAIS QUE LE CERVEAU DE CETTE MAFFIA, L'HOMME AU TOUCAN...
NOUS SAVIONS SEULEMENT QUE HARRY MALCOM VIVAIT À BORNÉO.
QUAND J'ÉCARTAIS LE RIDEAU DE CETTE TAVERNE DU PORT, IL SE FIT UN SILENCE À TRANCHER AU COUTEAU. BON DIEU, QUELLE FAUNE !...
DÉSOLÉ DE T'AVOIR MENÉE ICI, DIANA, MAIS LA TAVERNE DES NAUFRAGEURS EST UN DES REPAIRES DE ROCKFELLER...

MON INTERLOCUTEUR PARAISSAIT TRÈS SENSIBLE AU LANGAGE DU DOLLAR...
JE CHERCHE ROCKFELLER, LE... COMMERÇANT EN PERLES. C'EST URGENT, ET JE PAIE CASH.
UN HOMME À MOI VA VOUS CONDUIRE AUPRÈS DE KARANG-LE-FOU... KARANG PEUT VOUS DÉNICHER ROCKFELLER...
LE TYPE NE PERDAIT PAS JUSTICE DE VUE. IL ÉTAIT SUR SA PISTE DEPUIS DES HEURES, AUSSI TENACE QU'UNE OMBRE... UN AGENT DE KIM, L'HOMME AU TOUCAN...
DIANA ET MOI SUIVIONS LE MALAIS QUI DEVAIT NOUS MENER À KARANG-LE-FOU, LE COPAIN DE ROCKFELLER. NOUS N'AVIONS PAS LE CHOIX...
J'AI FRÉQUENTÉ BIEN DES LIEUX INQUIÉTANTS, MAIS CE BAS-FOND DE SINGAPOUR ME DONNAIT LE FRISSON...
JE NE LÂCHAIS PAS LE GUIDE DE L'ŒIL. IL FIT BASCULER UN BOUT DE POUTRELLE...
CLAC
JE SENTIS LA PASSERELLE SE DÉROBER SOUS MOI. LE COUP DE LA TRAPPE QUI S'OUVRE...
DIANA !

TOUT UN COMITÉ DE RÉCEPTION NOUS ATTENDAIT. DIANA CRIA. UNE DIZAINE DE LASCARS ME TOMBAIT DESSUS ...
BEN ! C'EST UN PIÈGE !...
J'EMPLOYAIS À FOND TOUTES MES RESSOURCES DE CEINTURE NOIRE 8ÈME DAN...
DES VAUTOURS ! ILS ÉTAIENT CAPABLES DE VENDRE DIANA À ON NE SAIT QUELS TRAFIQUANTS ...
MES ASSAILLANTS GROUILLAIENT COMME DES CRABES !
UN COUP DE MATRAQUE M' ENVOYA SUR LES GENOUX...
C'EST FICHU, BEN !
L' ESPION DE KIM ENTRAIT DANS LA DANSE...
BANG
BAN
ANG
BANG
ÇA TOMBAIT COMME DES MOUCHES, ET ÇA PLONGEAIT COMME DES GRENOUILLES... MON ÉTRANGE SAUVEUR DÉBLAYAIT LE PONTON...
BANG
BANG
3

TIREZ-VOUS, DOC ! JE PROTÈGE VOTRE REPLI... NON, PAS DE REMERCIEMENTS !
J'ENTRAÎNAIS DIANA JUSQU'À UN TAXI EN MARAUDE...
HÔTEL MALAYSIA !
TAXI
JE RETROUVERAI KARANG-LE-FOU PAR MES PROPRES MOYENS...
JE SUIS COMME UNE MOUCHE DANS UNE TOILE D'ARAIGNÉE, BEN...
J'AVAIS LA NETTE IMPRESSION QUE L'HOMME AU TOUCAN, LE MYSTÉRIEUX CERVEAU, ÉTAIT TOUJOURS ATTACHÉ À MES PAS. LUI AUSSI VOULAIT ROCKFELLER.
J'AI SUIVI LES ORDRES, MAÎTRE. MES DEUX CLIENTS SONT SAINS ET SAUFS. IL S'EN EST FALLU DE PEU !
BIEN JOUÉ, HANG ! JUSTICE, SEUL, PEUT NOUS CONDUIRE À HARRY MALCOM... JE PENSE QU'IL CHERCHE UN CONTACT À SINGAPOUR.
IL SERA PEUT-ÊTRE BON D'ENLEVER LA PETITE DIANA ! ELLE FERAIT UNE OTAGE EXCELLENTE ENTRE NOS MAINS...
4

LES GAMINS DE SINGAPOUR SONT MALINS COMME DES DJINNS. EN ÉCHANGE D'UN BILLET VERT, CELUI-CI NOUS MENA À UN CIMETIÈRE DE VIEILLES COQUES...
KARANG-LE-FOU, LÀ-BAS... LE PRAO AVEC L'ŒIL PEINT !
KARANG... BEAUCOUP DE SERPENTS DANS DES PANIERS...
FOU OU PAS, KARANG, AVEC SES COBRAS, DEVAIT INSPIRER UNE CRAINTE CERTAINE...
JE SAVAIS QU'ICI TOUT RENSEIGNEMENT SE MONNAIE...
KARANG, JE DOIS ABSOLUMENT RENCONTRER ROCKFELLER...
TU Y TIENS VRAIMENT... D'ACCORD, SI TU OSES CARESSER LA TÊTE D'UN DES DIEUX-COBRAS... JE ME MOQUE DE TES DOLLARS !
J'OSE, SI TU CONTINUES À JOUER DE LA FLÛTE...
POUR RETROUVER ROCKFELLER ET LA PISTE D'HARRY MALCOM, J'AURAIS MÊME TENTÉ LE BAISER AU COBRA... J'ÉPROUVE POURTANT UNE CERTAINE RÉPULSION À L'ÉGARD DES SERPENTS !
TI
TII
TUI
5

LE SOLEIL COGNAIT COMME UN SOURD. ET POURTANT, UNE SUEUR GLACÉE ME COULAIT LE LONG DE L'ÉCHINE. CHAQUE SECONDE COMPTAIT POUR UN SIÈCLE ...
ROCKFELLER SE TROUVE DANS L'ÎLE CHAWAN, CHEZ LES PÊCHEURS DE PERLES, À TROIS HEURES DE MER. JE N'AI QU'UNE PAROLE, MAN!
LA BRISE DE TERRE NOUS POUSSAIT VAILLE QUE VAILLE, MAIS À TOUT MOMENT, JE M'ATTENDAIS À VOIR S'OUVRIR EN DEUX CETTE COQUE POURRIE.
PESEK ISLAND! UNE ÎLE DE PIRATES. CHAWAN EST PLUS AU LARGE. ICI, TOUT DÉPEND DE L'HUMEUR DES PIRATES. UN JOUR ON PASSE, L'AUTRE NON ...
CE JOUR-LÀ, NOUS TOMBIONS MAL ...
LES PIRATES! CES FILS DE CHIENS NE CONNAISSENT PAS KARANG!...
ET JE COMPRIS POURQUOI ON L'APPELAIT KARANG-LE-FOU... LE DRESSEUR DE COBRAS REFUSAIT DE BAISSER PAVILLON.
C'EST LA BALEINIÈRE D'AMAL-LE-BORGNE. AMAL, UN JOUR, M'A VOLÉ DIX COBRAS. QUE LES CRABES LE BOUFFENT!
6

UNE VEDETTE DE LUXE SUIVAIT LE PRAO DE KARANG À MOINS D'UN MILLE...
MAÎTRE, LES PIRATES SE PRÉPARENT À ABORDER LE PRAO !
IMBÉCILE DE BORGNE ! LES ORDRES ÉTAIENT POURTANT CLAIRS...
LES PIRATES DEVAIENT NOUS PRÊTER MAIN-FORTE EN CAS DE PÉPIN DU CÔTÉ DE ROCKFELLER. CET IDIOT VA TOUT GÂCHER !...
QUE LES PIEUVRES T'ÉTRANGLENT, AMAL ! AHAHAAAA !
UN ABORDAGE EN RÈGLE... COMME AUX BEAUX JOURS DE LA FLIBUSTE. UN GRAND DIABLE BORGNE ME FONÇAIT DESSUS, KRISS AU POING...
RESTE DERRIÈRE MOI, DIANA !
LES INTENTIONS DU BORGNE ÉTAIENT CLAIRES : ENLEVER DIANA. DÉCIDÉMENT, L'AVENTURE REBONDISSAIT À TOUT MOMENT... UNE FOIS DE PLUS, JE DEVAIS FAIRE FACE...
LE RIRE DÉMENT DE KARANG ROULAIT COMME UN TORRENT...
AAHAHAH !
7

AHAHAA !
LES COBRAS DE KARANG MIRENT UN TERME À L'ABORDAGE. LA ROUTE DE CHAWAN ISLAND ÉTAIT OUVERTE. JE N'AVAIS QU'UN DÉSIR : REJOINDRE ROCKFELLER.
LE PRAO POURSUIT SA ROUTE, MAÎTRE. IL FAIT CAP SUR CHAWAN ISLAND !
CE JUSTICE A BEAUCOUP DE CHANCE !...
AHAHAHAA
TOUT VA BIEN, DIANA. LES COBRAS ONT RÉINTÉGRÉ LEURS PANIERS !
ÉTIONS-NOUS AU BOUT DE NOS PEINES ?! ARRIVERAIS-JE UN JOUR À HARRY MALCOM ?!...
JE RÊVE CHAQUE JOUR DE MON FRÈRE HARRY... EST-IL TOUJOURS À BORNÉO, BEN ?!... EST-IL ENCORE VIVANT ?!?...
ROCKFELLER EST LE SEUL HOMME QUI PEUT NOUS RENSEIGNER... DE LUI DÉPEND LA SUITE DE NOS RECHERCHES ...
TUII, TI TI
CHAWAN ISLAND DEVANT NOUS... SI ROCKFELLER N'EST PAS MORT, TU LE TROUVERAS AU MARCHÉ AUX PERLES ...
8

KARANG-LE-FOU RETOURNAIT À SON CIMETIÈRE DE JONQUES, AU FOND DE LA BAIE DE SINGAPOUR. IL AVAIT REFUSÉ DE NOUS ACCOMPAGNER SUR CHAWAN ISLAND... VA SAVOIR POURQUOI !...
UN GOSSE NOUS GUIDA JUSQU'AU VILLAGE ET AU MARCHÉ AUX PERLES.
JE CHERCHE ROCKFELLER... JE SAIS QU'IL EST À CHAWAN...
C'EST TRÈS IMPORTANT !
JE L'ATTENDS AUSSI POUR AFFAIRES. NOTRE BON AMI ROCKFELLER SERA LÀ TRÈS PROCHAINEMENT...
LA FORTUNE ME GÂTAIT. J'EUS LA CHANCE DE LOUER UNE CASE ASSEZ PROPRE, UN PEU À L'ÉCART DU VILLAGE...
TU CROIS QU'IL VIENDRA, BEN ?
L'HONORABLE MONSIEUR KAO-LIN L'AFFIRME, ET NOUS N'AVONS AUCUNE RAISON DE DOUTER DE SA PAROLE...
JE ME DEMANDE TOUJOURS QUEL EST LE SECRET D'HARRY... HARRY TOUCHAIT À TOUT, À LA FOIS BOTANISTE, ARCHÉOLOGUE, PHYSICIEN... JE PENSE ENCORE À CES CHAMPIGNONS GÉANTS, BEN...
9

M. KAO-LIN S'INCLINA AVEC COURTOISIE.
NOTRE AMI MISTER ROCKFELLER CONSENT A VOUS RECEVOIR, SEUL... IL VOUS ATTEND SOUS MON HUMBLE TOIT...
JE NE VEUX PAS RESTER SEULE ICI...
LES DÉSIRS DE MISTER ROCKFELLER SONT DES ORDRES, MISS... MISTER ROCKFELLER POURRAIT CHANGER D'IDÉE...
JE NE PENSE PAS ÊTRE LONGTEMPS ABSENT, DIANA. MAIS TU NE RISQUES RIEN, A CHAWAN.
JE SUIS UN OPTIMISTE A TOUS CRINS. EN PLUS, J'ÉTAIS PERSUADÉ QUE CET ENTRETIEN AVEC ROCKFELLER METTRAIT UN TERME A NOS ENNUIS. HARRY MALCOM AVAIT PEUT-ÊTRE CONFIÉ SON SECRET AU TRAFIQUANT DE PERLES... DIANA SERAIT HEUREUSE DE REVOIR SON FRÈRE...
QUE VOULEZ-VOUS ?! QUI ÊTES-VOUS ?!
NE RÉSISTEZ PAS ! IL NE VOUS SERA FAIT AUCUN MAL !
CONDUIS-LA A BORD DE LA VEDETTE, HANG... QU'ON LA TRAITE AVEC ÉGARDS !
TOUC TOUC
JE CROIS QUE NOUS NOUS CONNAISSONS, MISS MALCOM...
R. MARCELLO
10

BENJAMIN JUSTICE ! UN DRÔLE DE NOM... JE NE PARLERAI QU'EN PRÉSENCE DE LA SŒUR D'HARRY MALCOM... HARRY EST MON COPAIN...
J'AVAIS ENFIN DÉCOUVERT ROCKFELLER... L'AVENTURIER QUI CONNAISSAIT LE SECRET DE LA RÉSIDENCE D'HARRY MALCOM... QUELQUE PART À BORNÉO...
CHUT ! C'EST DIANA... LA SŒUR D'HARRY...
... MAIS DIANA ÉTAIT BIEN ENCADRÉE. IL FALLAIT QUE JE METTE LE PAQUET, AVEC TOUTE CETTE ESCORTE...
ÉVIDEMMENT, UNE CEINTURE NOIRE 8ÈME DAN SE DÉBROUILLE CONVENABLEMENT DANS LE PIRE DES CAS. J'AVAIS L'AVANTAGE DE LA SURPRISE...
KIAIII
ROCKFELLER SE MONTRAIT À HAUTEUR DE LA SITUATION...
FICHEZ LE CAMP, OU JE NE RÉPONDS DE RIEN !
J'AI EU SI PEUR, BEN ! L'HOMME AU TOUCAN EST LE CHEF !
... MAIS L'HOMME AU TOUCAN AVAIT DISPARU, AVALÉ PAR LA NUIT... COMME SES TUEURS...

AU MATIN, NOUS ÉTIONS LOIN DE CHAWAN ISLAND. ROCKFELLER AVAIT UN BON PRAO.
HARRY M'A REMIS LA FAMEUSE LETTRE IL Y A DEUX MOIS ENVIRON... IL HABITAIT DANS LE DISTRICT DE SANGAU...
SUR LE COURS MOYEN DU FLEUVE KAPUAS, UNE GRANDE PAILLOTE COURONNANT UN ÉPERON ROCHEUX...
IL ÉTAIT TRÈS JOYEUX... UN PEU EXCITÉ MÊME, COMME UN TYPE QUI A QUATRE AS DANS SON JEU...
JE SUIS À LA VEILLE DE RÉUSSIR LE COUP DE MA VIE, ROCK...
LE PRAO DE ROCKFELLER, DEUX JOURS PLUS TARD, S'ENGAGEAIT DANS L'EMBOUCHURE DU FLEUVE KAPUAS, SUR LA CÔTE EST DE BORNÉO. ROCK TRAITAIT DES AFFAIRES DE PERLES DANS LE COIN.
LE CHER AVENTURIER NOUS PROCURA UNE PETITE VEDETTE À MOTEUR.
BONNE CHANCE ! JE NE SAIS PAS SI VOUS REVIENDREZ VIVANTS DES HAUTES TERRES DE BARAT...
IL Y A EU DES PLUIES TERRIBLES SUR L'ARRIÈRE-PAYS... MÉFIEZ-VOUS DES CRUES SUBITES, DES SERPENTS ET DES SAUVAGES DAYAKS CHASSEURS DE TÊTES !...
METS LES GAZ, DIANA ! EN ROUTE VERS HARRY ET SON SECRET !
3 2

TROIS JOURS DE FLEUVE ... UNE JUNGLE DES DÉBUTS DU MONDE ... BON DIEU ! NOUS NAVIGUIONS EN PLEINE PRÉHISTOIRE !
OH... BEN !...
VLAAN
ET CES SINGES HURLEURS QUI GUEULAIENT COMME DES SENTINELLES ...
AHRRAOOOO
LE 4EME MATIN ...
TU ENTENDS CE RAFFUT ?
ON DIRAIT UNE MONTAGNE QUI S'ÉCROULE ...
ROOOWOOO
JE VIS UNE MURAILLE D'EAU FONÇANT SUR NOUS A CENT MILLES A L'HEURE ...
LA CRUE, DIANA ! ACCROCHE-TOI !...
NOUS ÉTIONS DANS LE MAELSTRÖM ... DANS LE CHAUDRON DU DIABLE ... DANS L'ŒIL DU TOURBILLON INFERNAL ...
J'AVAIS LÂCHÉ LA BARRE POUR SAISIR DIANA A BRAS-LE-CORPS ... J'EUS L'IMPRESSION QUE LA VEDETTE ÉTAIT BALANCÉE A TRAVERS LA JUNGLE ...
JE RESSENTIS UN CHOC ... LES MEMBRURES DE LA VEDETTE HURLÈRENT ... LA PROUE ÉTAIT COINCÉE ENTRE DEUX TRONCS !

NOUS TOMBIONS DE PLAIN-PIED DANS UN CAMPEMENT DAYAK. DES TYPES QUI N'AVAIENT PAS ENVIE DE FRATERNISER.
PAS DE PANIQUE, DIANA !
LE COMITÉ D'ACCUEIL NE FIT PAS ASSAUT D'AMABILITÉ.
LES EAUX EN COLÈRE. DÉMONS DE LA RIVIÈRE FURIEUX APRÈS LES BLANCS !
CELA NE TRAÎNA PAS. JE PIGEAI VITE QUE CES CITOYENS DE LA KAPUAS AVAIENT DÉCIDÉ D'APAISER LES DIEUX DU FLEUVE EN NOUS OFFRANT EN SACRIFICE...
ON DIRAIT DU MIEL LIQUIDE. UNE ODEUR SUCRÉE. MAIS POURQUOI... POURQUOI, BEN ?
PEUT-ÊTRE UNE ATTENTION DÉLICATE, DIANA. FERME LES YEUX ET NE PENSE PLUS...
ELLE VERRAIT BIEN LES FOURMIS GÉANTES... LES GRANDES DÉVOREUSES ASSEZ TÔT... ÇA NE TRAÎNA PAS ! LA COLONIE INFERNALE RAPPLIQUAIT. JE PERCEVAIS LE CLIQUETIS DE MILLIERS DE MANDIBULES...
IL N'Y AVAIT PAS À EN VOULOIR AUX DAYAKS. CES CHASSEURS DE TÊTES AVAIENT UNE FOI RESPECTABLE...
DIEUX DU FLEUVE CONTENTS !
PAUVRE DIANA ! POURVU QUE TOUT SE PASSE TRÈS VITE !

POUR ALLER VITE, CE FUT DU RAPIDE. LES ÉVÉNEMENTS SE SUCCÉDÈRENT EN CASCADE...
UN CLAN DAYAK ENNEMI ATTAQUAIT NOS RAVISSEURS. LES SAGAIES SIFFLAIENT...
TZAC
...MAIS LES NOUVEAUX VENUS N'EN AVAIENT PAS SEULEMENT APRÈS LEURS COMPATRIOTES...
ET LES DÉVOREUSES GÉANTES POURSUIVAIENT LEUR MARCHE TRIOMPHALE ET FUNÈBRE...
BEN, OH, BEN ! LES FOURMIS ! J'AI COMPRIS !...
NOUS NE VERRONS PLUS HARRY ! BEN, JE T'AIME !...
ET C'EST ALORS QUE JAILLIT L'HÉLICOPTÈRE AU RAS DES ARBRES DE LA JUNGLE...
TCHAC THAC TCHAC TCHAC
VLAFF
MIRACLE ! UN LANCE-FLAMMES ENTRAIT EN ACTION CONTRE LA COLONNE INFERNALE.
LES DAYAKS DES DEUX CLANS S'ÉVANOUISSAIENT DANS LE MYSTÈRE DE LA JUNGLE, TANDIS QUE L'HÉLICO SAUVEUR SE POSAIT COMME UNE FLEUR.

JE M'APPELLE KIM... MR. KIM. JE CROIS QUE J'ARRIVE À PIC... ET VOICI HANG, UN SPÉCIALISTE DU LANCE-FLAMMES! MON ÂME DAMNÉE...
DOC, NOUS SOMMES DEUX À VOULOIR CONNAîTRE LE SECRET D'HARRY MALCOM. VOUS AVEZ SUR MOI UNE LONGUEUR D'AVANCE, MAIS JE SUIS EN POSITION DE FORCE.
JE VOUS PROPOSE UNE TRÊVE, POUR DÉCOUVRIR LA PISTE DU FRÈRE DE DIANA... MON CHER JUSTICE, JE VOUS TIENS EN GRANDE ESTIME.
TOUC TOUC
MR. KIM ÉTAIT UN TUEUR, ET IL AVAIT SANS DOUTE DE MAUVAISES PENSÉES EN TÊTE. MAIS VU LA SITUATION, JE N'AVAIS AUCUNE RAISON VALABLE DE REPOUSSER SON OFFRE...
DEUX JOURS S'ÉCOULÈRENT... MARCHES TERRIBLES DANS DES PAYSAGES PÉTRIFIÉS... VÉGÉTAUX ET MINÉRAUX...
TRAVERSÉES DINGUES DE MARÉCAGES INFESTÉS D'INSECTES, DE SERPENTS ET DE POISSONS-CRAPAUDS...
ENFIN, UN JOUR, NOUS ATTEIGNÎMES, SUR L'ÉPERON ROCHEUX DE SANGAU, LA PAILLOTE D'HARRY MALCOM...
HARRY! RÉPONDS-MOI, HARRY!...
3(6)

BROOKE, LE RAJAH BLANC, PIRATE ET DESPOTE, AVAIT, DANS LES ANNÉES 1850-60, ACCUMULÉ UN BUTIN CONSIDÉRABLE, RAFLÉ DANS L'INSULINDE ET LES MERS DE CHINE.*

*AUTHENTIQUE.

TROIS JOURS PLUS TARD... DANS UN PAYSAGE D'ÉBOULIS GIGANTESQUES...
C'EST ICI... LA PORTE DU PARADIS...
UN ESCALIER VERTIGINEUX...
CE BROOKE ÉTAIT L'ÉGAL D'UN PHARAON ... IL AVAIT LE GÉNIE DU GRANDIOSE !
JE CROIS VOIR DES LUEURS EN BAS, MR. KIM... COMME DES ÉCLATS DE TORCHES ...
UN PALAIS FOU !
HARRY ! HARRY !
SEIGNEUR !
HARRY MALCOM AVAIT EXPOSÉ LÀ LES COFFRES D'UN TRÉSOR UNIQUE AU MONDE ...
LA VILLE DU RAJAH BLANC !... JE SUIS LE DERNIER RAJAH... L'HÉRITIER DE JAMES BROOKE !
TOUC !

ARRIÈRE, VOUS AUTRES, ARRIÈRE ! TOUT CECI EST À MOI !
HARRY ! JE SUIS DIANA...
LE TRÉSOR EST À NOUS !
VOTRE FRÈRE EST DEVENU FOU !
TAC TA TAC
BAS LES PATTES, ASKIAP ! L'ORDRE EST UNE LOI !
BRANG
BRATATATA
BLAP
LA RAFALE PARTIT VERS UNE CLEF DE VOÛTE DE CALCAIRE MOISI ...
UNE NAPPE D'EAU OU UN TORRENT PRISONNIER CREVAIT LA VOÛTE ...
BOOOW
UN NIAGARA EMPORTAIT DES PANS ENTIERS DE ROCHE ...
... DANS L'ESCALIER, DIANA, VITE !

HARRY! HARRY!
LE RAJAH BLANC SE VENGE! AHAHAAA!
WOOOM
BROOM
SPLASH
CRAACK
UN FLEUVE FURIEUX BATTAIT LE PALAIS DE JAMES BROOKE, EMPORTAIT TOUT... TANDIS QUE LA VOÛTE, MINÉE PAR LES EAUX, CROULAIT DANS UN TONNERRE...
JE NE SAIS PAS ENCORE COMMENT NOUS SOMMES SORTIS DE CET ENFER, DIANA ET MOI, VIVANTS... LA CHANCE, SANS DOUTE!
IL NE DEMEURAIT RIEN DE LA CITÉ ENFOUIE. JE NE SAURAI RIEN DE PLUS DU SECRET D'HARRY MALCOM ET DES MYSTÉRIEUX CHAMPIGNONS PORTEURS DE MORT...
LE TOUCAN DE MISTER KIM VOLAIT DANS LE SOLEIL.
TOUC TOUC
R. MARCELLO -85

AÉROPORT INTERNATIONAL DE PAYA LEBAR À SINGAPOUR. SERVICE DU CONTRÔLE SANITAIRE.
SINGA
BOEING 727
LASIAN LINES
BENJAMIN JUSTICE. MISS DIANA MALCOM. JE SUIS DÉSOLÉ, MAIS VOUS DEVEZ ME SUIVRE À L'HÔPITAL. UNE AMBULANCE VOUS ATTEND...
VOUS ARRIVEZ DE BORNÉO. ET NOUS SOMMES PLACÉS POUR SAVOIR QU'IL TRAÎNE, LÀ-BAS, TOUTES SORTES DE MALADIES CONTAGIEUSES... Y COMPRIS LA LÈPRE...
NOUS ÉTIONS PLUS DE CENT PASSAGERS SUR CE VOL...
OU BIEN CE TYPE SE PAYAIT MA TÊTE, OU BIEN NOUS ÉTIONS, DIANA ET MOI, TOMBÉS DANS UN PIÈGE...
SANS DOUTE, MAIS VOUS ÊTES LES SEULS QUI NOUS INTÉRESSEZ... LE SECRET D'HARRY MALCOM, MON CHER JUSTICE...
L'AMBULANCE ATTEND AU PARKING DU 2ÈME SOUS-SOL...

LE PIÈGE ÉTAIT ÉVIDENT. LE KIDNAPPING AUSSI. UN VRAI POLAR ! JE PENSAIS QUE L'HISTOIRE D'HARRY N'INTÉRESSAIT PLUS PERSONNE...
HARRY EST MORT. L'HOMME AU TOUCAN EST MORT... ALORS POURQUOI... ?
GLACEX UNBREAKABLE
OXIGENE
MR. KIM - L'HOMME AU TOUCAN - NE DEVAIT PAS ÊTRE SEUL SUR LA PISTE D'HARRY... PEUT-ÊTRE TRAVAILLAIT-IL POUR LE COMPTE D'UN GROUPE ?
JE CONNAISSAIS SUFFISAMMENT L'ÎLE DE SINGAPOUR POUR SAVOIR QUE NOTRE AMBULANCE NE ROULAIT PAS VERS LA CAPITALE. LES CAHOTS FRÉQUENTS PROUVAIENT QUE LE CHAUFFEUR PRENAIT DES PISTES DE TERRE...
INCASSABLE ! BON DIEU, IL DOIT POURTANT Y AVOIR UN TRUC !...
GLACEX UNBREAKABLE
L'AMBULANCE ROULAIT DEPUIS UNE DEMI-HEURE...
ÇA RALENTIT DUR, BEN... QUE FAIS-TU !?
JE CROIS QUE J'AI UN MOYEN...
ON Y EST... LE TEMPLE EST DE L'AUTRE CÔTÉ DU TORRENT... YEW JALAÏ EST LE GRAND MAÎTRE... LE GAUTAMA...

J' ESPÉRAIS QUE LA PORTE DE TÔLE NE RÉSISTERAIT PAS AU CHOC DE LA LOURDE BONBONNE... C'ÉTAIT GAGNÉ...
BRANNG
EN AVANT, DIANA... AU PAS DE COURSE...
NOS KIDNAPPEURS NE S'ATTENDAIENT PAS A' CELA.'...
A' VRAI DIRE, JE NE SAVAIS PAS QUELLE CARTE JE POUVAIS JOUER. MES DEUX TYPES ÉTAIENT ARMÉS.
NE T'EN FAIS PAS, DIANA !
ROOARR
SI JE M'ATTENDAIS A' CETTE VISION EXTRAORDINAIRE...
LE TEMPLE AUX CENT SOURIRES !
L'AMBULANCE BASCULAIT SUR LE PARAPET DE TERRE BORDANT LE TORRENT...
REDRESSE, TUNKU !
4③

NOUS N'AVIONS PAS LE CHOIX, ET PAR SURCROÎT, UN TEMPLE BOUDDHISTE SE VEUT TOUJOURS LIEU D'ASILE.
DIANA CHÉRIE, C'EST LA CHANCE QUI NOUS SOURIT ...
BANG
CE TEMPLE ÉTAIT POUR LE MOINS CELUI DE L'ÉTERNELLE FÉLICITÉ, CAR JE POUVAIS OBSERVER LES BONZES EN ROBE SAFRAN, OU ROUGE... ET LEURS VISAGES ...
JE NE M'ATTARDAIS PAS À VOIR SI LES "BLOUSES BLANCHES" NOUS POURSUIVAIENT ...
LES MASQUES DU SOURIRE...
JE DEMANDE LA PROTECTION DU TEMPLE, VÉNÉRABLES !
JE VAIS TOURNER DE L'ŒIL, BEN !
JE N'EUS QUE LE TEMPS DE LA SAISIR AU VOL, MAIS JE ME SENTAIS MOI-MÊME DANS UN ÉTAT SECOND...
LE GAUTAMA YEW JALAÏ, MAÎTRE DE LA SUPRÊME BÉATITUDE, VOUS ATTEND ...
JE PIGEAIS ENFIN QUE CETTE FUMÉE D'ENCENS ME VIDAIT DE MES FORCES...
DE GRÂCE, ÉCARTEZ CE ...

LES BONZES DE LA SUPRÊME BÉATITUDE NOUS ENTRAÎNAIENT DANS LE TEMPLE AUX CENT SOURIRES ...
LE GAUTAMA YEW JALAÏ FERA LE RESTE. J'AI REMPLI MON CONTRAT ...
ET QUI PAIERA L'AMBULANCE BOUSILLÉE ?!
LE MAÎTRE DE LA SUPRÊME BÉATITUDE N'EST PAS À QUELQUES MILLIERS DE DOLLARS PRÈS. IL VOULAIT JUSTICE À N'IMPORTE QUEL PRIX... IL L'A !
LA SCÈNE N'AVAIT EU QU'UN SEUL TÉMOIN. MAIS L'ŒIL AIGU DU JEUNE CORNAC AVAIT TOUT ENREGISTRÉ...
SHO-OO KABANG ! IL Y A DE DRÔLES DE CHOSES SOUS LE SOLEIL... ET CE VIEUX TIGRE DE GAUTAMA A TOUJOURS LES CROCS DURS...

JE RÉCUPÉRAIS LENTEMENT. L'EFFET DE CETTE FUMÉE SOPORIFIQUE SE DISSIPAIT, MAIS JE N'Y VOYAIS PAS PLUS CLAIR POUR AUTANT DANS CETTE AFFAIRE...
GOONGG
ET APPARUT YEW JALAÏ, LE GAUTAMA DE LA SUPRÊME BÉATITUDE...
... CAR CE NE POUVAIT ÊTRE AUTRE QUE LE MAÎTRE... MAIS CE QUI ME FASCINAIT LE PLUS, C'ÉTAIT LE TOUCAN...
... ET J'ÉTAIS PRÊT À PARIER QUE C'ÉTAIT LÀ LE TOUCAN DE MR. KIM, CE TYPE QUI M'AVAIT POURSUIVI DE MIAMI À BORNÉO, SUR LA PISTE D'HARRY MALCOM...
JE VOUS TIENS POUR RESPONSABLES DE LA MORT DE MON FILS ADOPTIF, KIM JALAÏ...
ET COMME SI LE GAUTAMA LISAIT DANS MA PENSÉE...
PAR VOS STUPIDES AGISSEMENTS, VOUS AVEZ DÉCLENCHÉ LA CATASTROPHE OÙ KIM A PERDU LA VIE !
C'ÉTAIT VRAIMENT LE BOUQUET ! CAR MR. KIM AVAIT SEMÉ LA PISTE D'HARRY MALCOM D'UN CERTAIN NOMBRE DE CADAVRES...
4.6

JE CONNAISSAIS L'EXISTENCE DE LA CITÉ SOUTERRAINE... MAIS LE JEUNE MALCOM LA DÉCOUVRIT PAR HASARD, LUI LIVRANT TOUS SES TRÉSORS...
ALORS, JE LANÇAI KIM SUR LA PISTE. IL ME FALLAIT LE SECRET D'HARRY MALCOM... J'AI TOUT PERDU. IL ME RESTE LA VENGEANCE. QU'AVEZ-VOUS À DIRE ?
JE N'AVAIS RIEN À DIRE, MAIS JE PENSAIS QUE LA STATUE GÉANTE DEVAIT MASQUER UNE PORTE OU UN PASSAGE, PUISQUE YEW JALAÏ ÉTAIT VENU DE CE CÔTÉ...
JE N'AVAIS AUCUNE ENVIE DE MOURIR, ET J'AVAIS LA CHARGE DE DIANA...
FONCE, DIANA ! DROIT DEVANT TOI, CHÉRIE !...
SHUTO-UCHI - SABRE DE MAIN ! UN JEU D'ENFANT POUR UN 8ème DAN...
J'EMBARQUAI LE GAUTAMA AU PASSAGE... COMME UN SAC DE NOIX. DE QUOI DONNER À RÉFLÉCHIR AUX AUTRES...
EXCUSEZ-MOI, VÉNÉRABLE !
BEN, UN ESCALIER !
NE TE RETOURNE PAS ! FONCE !...
DU DIABLE SI JE SAVAIS COMMENT TOUT CELA FINIRAIT...

IL Y A BIEN CINQ OU SIX MÈTRES, ET DES ARBUSTES !
ATTENDS-MOI !
LES ARBUSTES ÉTAIENT DES FIGUIERS-PARASOLS NAINS.
RELAXE-TOI... LE TOUT EST DE BIEN SE RECEVOIR...
JE ME DÉFENDAIS PAS MAL DANS LES EXERCICES DE CE GENRE, ET JE SAVAIS QUE LES BONZES HÉSITERAIENT À M'IMITER...
ON Y VA, DIANA ! ON ESSAIE DE LES SEMER... LE GAUTAMA NE NOUS LÂCHERA PAS...
LES SERVITEURS DE LA SUPRÊME BÉATITUDE HURLAIENT COMME DES FURIEUX...
HOU-ANGG !
HOU-ANGG !
JE NE DONNAIS PAS CHER DE MA PEAU, S'ILS ME REMETTAIENT LE GRAPPIN DESSUS !
4-8

IL ME REGARDAIT EN SOURIANT, CE GOSSE SUR SON ÉLÉPHANT...
LAISSE GLAPIR LES CHACALS, ÉTRANGER ! ILS VONT SE TAIRE !
ALANG ! WIA ! WIA ! WIA...
LE PETIT CORNAC COMMANDAIT À SON TROUPEAU DE PACHYDERMES DOMESTIQUES...
JE PENSAIS À MOWGLI ET À HATHI, L'ÉLÉPHANT DU LIVRE DE LA JUNGLE... MAIS EN ARRIÈRE, LES CRIS DES BONZES REDOUBLAIENT...
QUE FAIS-TU, PETIT HOMME ?
...ET JE COMPRIS QUAND LA CHARGE ÉBRANLA LE SOL... LES ÉLÉPHANTS OBÉISSAIENT AUX ORDRES DE LEUR GARDIEN...
OUI, ILS VONT SE TAIRE, LES CHACALS !

Achevé d'imprimer en mars 1986 pour le compte de VMS PUBLICATIONS S.A. sur les presses d'Offset Aubin, à Poitiers
Dépôt légal : mars 1986. Nº d'impression : 13939. Loi nº 49.956 du 16.07.49 sur les publications destinées à la jeunesse. — ISBN 2-209-05811-2